Para Mayra, Manuel y Maria Laura.

www.everest.es

Maquetación: Ediciones Nobel, S.A.
Diseño de cubierta: Eva Zuazua

Tercera edición

© del texto, Carla Maria Berdegué de Arauco
© de las ilustraciones, Sonia Esplugas
© Ediciones Paraninfo (con licencia
  de Paraninfo Propiedad Intelectual, S. L.)
  C/ Sierra de Guadarrama, 35. Naves 2, 3, 4 y 5
  Polígono Industrial San Fernando II
  28830 San Fernando de Henares
  E-mail: info@everest.es

ISBN: 978-84-19331-87-8
Depósito legal: M-9436-2024
Imprime: Liberdigital (Casarrubuelos, Madrid)
Printed in Spain / Impreso en España

Atención al cliente: 914 463 350

El cuento que tenía miedo

Carla Maria Berdegué de Arauco
Ilustrado por Sonia Esplugas

everest

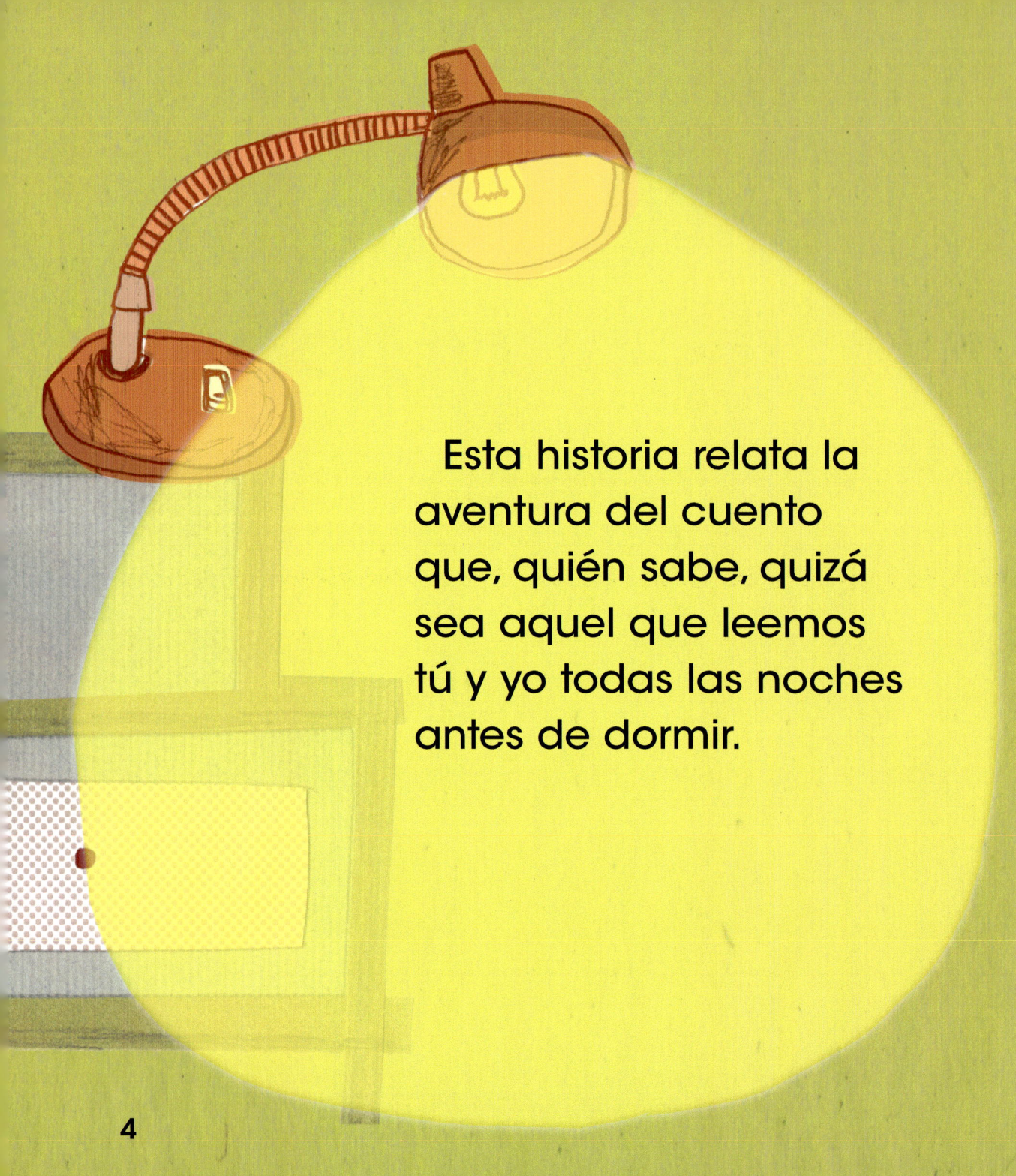

Esta historia relata la aventura del cuento que, quién sabe, quizá sea aquel que leemos tú y yo todas las noches antes de dormir.

En un bosque no muy lejano, donde crecían grandes pinos y altos eucaliptos, vivía Pequeño Cuento encerrado en su cuarto. Nunca quería salir, poner un pie fuera de casa, ni formar parte de ninguna biblioteca. Tampoco permanecer en una repisa o tienda de libros y, mucho menos, esperar a ser leído sobre una mesa de noche.

Pequeño Cuento tenía miedo, miedo de que a ningún niño le gustasen sus páginas y lo que en ellas contaba.

Su mamá, una gran Enciclopedia
con una linda cubierta de cuero
y encantadoras letras doradas
escritas en su lomo, estaba muy
preocupada. Miraba a papá Novela
con mucha tristeza, pues ambos
pensaban qué podrían hacer para
que Pequeño Cuento abriese sus
páginas a los niños que todos
los días jugaban en el bosque.

Cuando por las noches la
casa quedaba a oscuras y
todos dormían, Pequeño Cuento
iba al salón y contemplaba los
retratos de su ilustre familia.

Era una familia muy importante.
El abuelo había sido un gran Libro
de Historia. Todavía hoy, seguía
abriendo sus páginas para ser
consultado. Tenía recuerdos y
dibujos del pasado y un gran índice
con muchos temas interesantes.

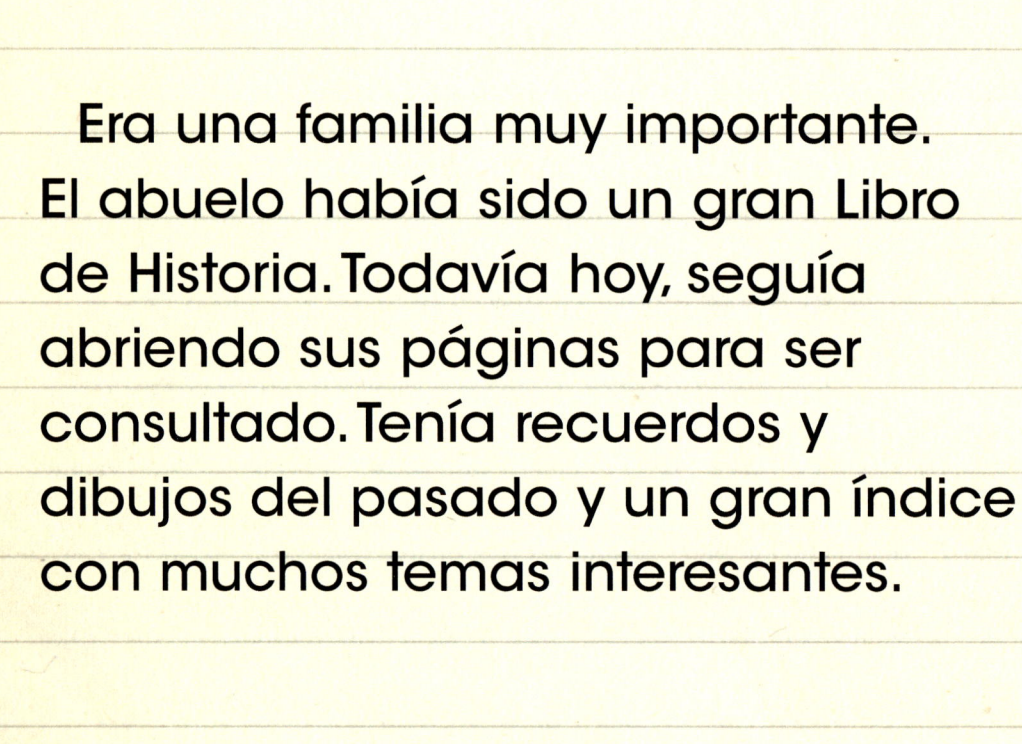

Índice

Capítulo 1

Capítulo 2

Capítulo 3

Capítulo 4

La abuela había recibido muchos premios por sus fantásticos relatos de aventuras, llenos de hermosas fotografías e ilustraciones de lugares lejanos.

¡Habían viajado tanto el abuelo y ella!

Y mientras él recorría las grandes
bibliotecas buscando datos para sus
investigaciones históricas, ella había
fotografiado los rincones más increíbles
con su cámara y había llenado
su libreta de notas fascinantes.

Y el tío…. ¡Oh!, el tío era autor del gran Libro de Cocina. Un restaurante en la ciudad llevaba su nombre, y había sido editado ya muchas veces. Se decía que era el mejor chef del mundo y que sus páginas, hacían que las comidas se antojaran con solo mirarlas…

Pequeño Libro se entretenía contemplando con interés la galería de fotos.

Había muchas ediciones de libros de su familia y todos con tapas lindas, coloridas y cuidadas. Algunos, incluso, tenían empastados muy antiguos y estaban cosidos a mano con papel pergamino o reciclado. ¡Eran todos tan bonitos!

«¡Qué hacer!»,
pensaba mientras
caminaba y caminaba.

Cuando estaba a punto
de amanecer, volvía a su
cuarto y se encerraba de nuevo.
Así se sucedían los días…

Papá Novela tenía mucha imaginación.
De pronto, un día, tuvo una idea
que parecía realmente buena.

Consultó con mamá Enciclopedia y ella pensó también que podía funcionar.

—Manos a la obra —se dijeron.

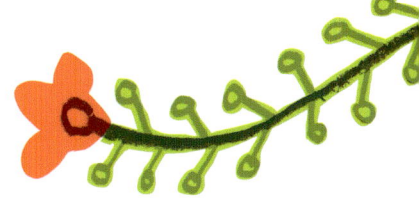

A la mañana siguiente, mamá anunció a Pequeño Cuento que irían de paseo y disfrutarían de un día en el parque. De camino, empezó a contarle su plan.

Pequeño Cuento estaba emocionado, pero también algo temeroso y con un nudo en el centro de sus páginas.

«Mamá es muy inteligente», pensaba, «esto puede funcionar».

23

   Entonces llegaron a un inmenso parque,
con lindos árboles y flores y una fuente
redonda en el centro donde los niños
hacían navegar sus barcos de papel
y los patos nadaban a su antojo.

   A su alrededor, había unos bancos
de madera, protegidos del sol por unos
árboles altísimos, de color verde intenso.
—No tengas miedo —dijo mamá—,
yo estaré vigilando todo el tiempo.

Entonces, con mucho
cuidado, mamá colocó a
Pequeño Cuento encima de
un banco solitario, resguardado
por un árbol de flores rojas intensas
que despedían un olor muy
agradable. Y esperaron…

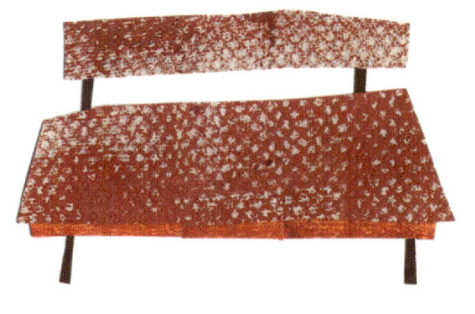

   De pronto apareció
un niño y, con cara de travieso, vio
a Pequeño Cuento y miró alrededor
suyo para saber de quién podía ser
aquel libro tan pequeño y tan bonito
abandonado en ese lugar. Lo tomó
en sus manos, observó la portada con
atención y, luego, le dio la vuelta para
ver qué decía en la parte posterior.

   Pequeño Cuento temblaba.

El niño abrió sus páginas y, a medida que las iba pasando, su cara se iba transformando. Reía, reía mucho, leía ávidamente y no podía soltar a Pequeño Cuento. Cuando terminó, estaba tan emocionado que le hubiera gustado llevarse el libro, pero prefirió dejarlo y corrió feliz hacia el centro del parque.

Mamá sonrió y, desde su escondite, envió un beso por el aire a su hijo.

Las cosas iban muy bien. Se acercaba ahora una niña y mamá se ocultó de nuevo en su escondite…

La niña venía sonriente. Llevaba una muñeca bajo su brazo y caminaba despreocupada. Al pasar delante del banco, vio a Pequeño Cuento boca abajo.

«¿De quién será?», se preguntó; no había nadie alrededor. Miró a su muñeca y le dijo:

—Te voy a leer un cuento.

Se sentó en el banco con la muñeca en su regazo y empezó a pasar las páginas de Pequeño Cuento leyendo en voz alta.

«¡Qué triste!», pensaba a veces, «¡qué lindo!», se decía otras, mientras abrazaba a su muñeca.

Cuando terminó de leer, notó que su corazón se había conmovido y sentía una inmensa paz. El final, inesperado, le había alegrado la mañana.

—¿Escuchaste alguna vez una historia tan bonita? —preguntó a su muñeca, mientras se alejaba dejando a Pequeño Cuento en el banco de aquel parque.

Y así fue pasando la mañana y muchos niños leyeron y hojearon las páginas de Pequeño Cuento disfrutando aventuras, relatos de amor, misterio, amistad, terror...

Mientras mamá veía alejarse a cada uno de los niños, el orgullo por su pequeño iba creciendo.

　　Cuando ya la luz del día no permitía la lectura, llamó a Pequeño Cuento y juntos emprendieron el camino de regreso a su hermoso bosque. Caminaban en silencio, felices. Pequeño Cuento pensaba en lo ocurrido en el parque y se sentía ansioso, quería que todos los niños lo encontraran y que leyeran sus páginas. ¡Era tan dichoso!

Esa noche durmió profundamente.
Durmió y soñó con todos los
cuentos que quería contar
a los niños del mundo.

Al día siguiente, se había corrido
la voz y muchos niños fueron al
banco del hermoso parque a
ver si podían encontrar aquel
maravilloso libro pequeño
que contaba historias
tan increíbles.

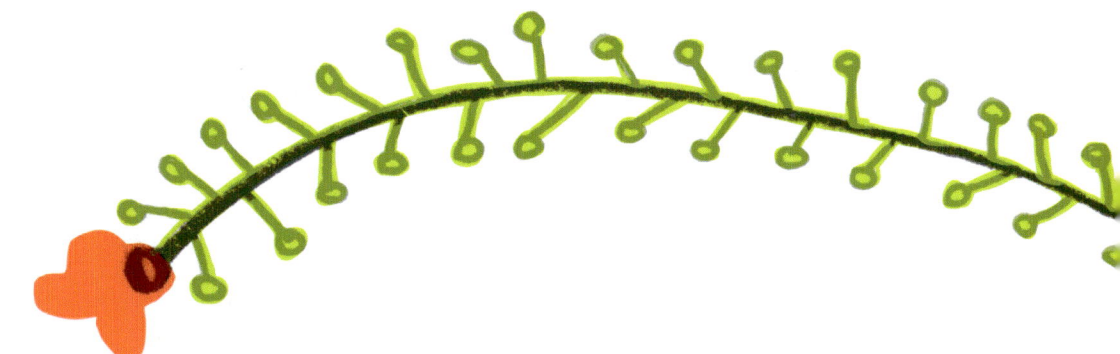

Pero Pequeño
Cuento ya no volvió
al parque. Se fue a la gran
ciudad y, ya sin miedo, ocupó su
lugar en las repisas de las bibliotecas
y casas, llenó escuelas y librerías
y aguardó en tantas mesas de
noche como pudo, para
hacer volar la imaginación de
aquellos niños que querían
soñar antes de dormir.

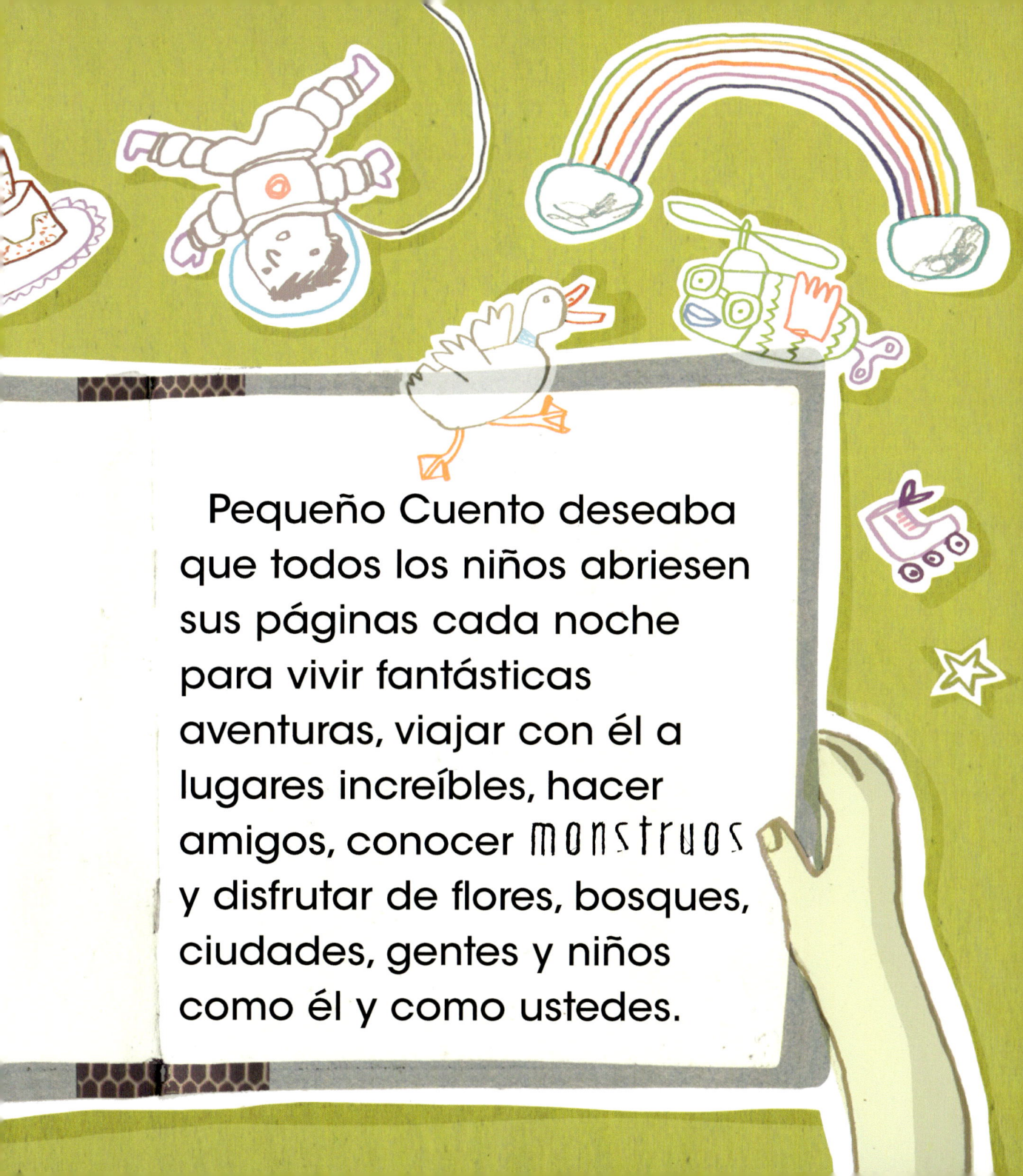

Pequeño Cuento deseaba que todos los niños abriesen sus páginas cada noche para vivir fantásticas aventuras, viajar con él a lugares increíbles, hacer amigos, conocer monstruos y disfrutar de flores, bosques, ciudades, gentes y niños como él y como ustedes.

GLOSARIO

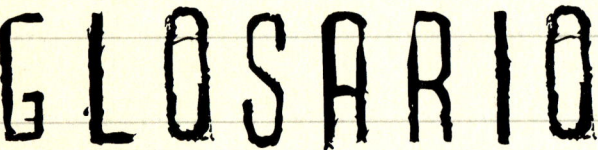

Libro. Conjunto de hojas
unidas, que contienen
textos escritos e imágenes.

Leer. Comprender lo que hay en un texto escrito.

Libro de historia. Libro donde se relata un conjunto de hechos y acontecimientos pasados.

Cuento: Historia corta que se cuenta de forma oral o escrita.

Pinos, eucaliptos. Árboles de corteza blanda de los que se obtiene la pulpa para producir papel.

Biblioteca. Edificio o habitación donde hay muchos libros para que la gente los lea o consulte.

Tienda de libros. Librería. Lugar en el que se venden libros.

Enciclopedia. Libro de uno o varios tomos en el que se explican gran cantidad de conocimientos.

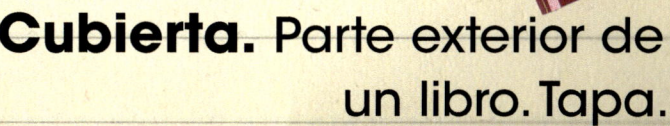

Cubierta. Parte exterior de un libro. Tapa.

Lomo. Parte de un libro donde van unidas las hojas.

Novela. Historia larga que se cuenta por escrito. Puede ser real o inventada por su autor.

Narración, historia. Conjunto de hechos y acontecimientos vividos por ciertos personajes en un tiempo que puede ser pasado, presente o futuro y que suceden en un lugar real o inventado por quien los cuenta.

Índice. Lista ordenada de los capítulos que tiene un libro.

Libro de cocina. Libro que explica recetas de diferentes comidas, para así poder hacerlas uno mismo.

Ediciones. Conjunto de libros que se imprimen de una misma publicación. Cuando un libro tiene éxito puede llegar a tener muchas ediciones.

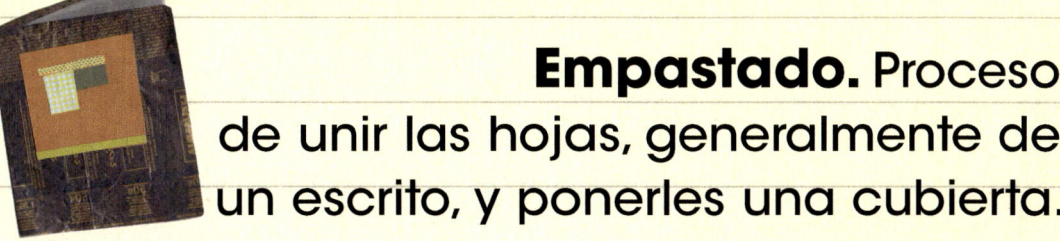

Empastado. Proceso de unir las hojas, generalmente de un escrito, y ponerles una cubierta.

Cosido. La forma en la que se unen las hojas de un libro. Antiguamente, estas se unían siempre a mano y se cosían con hilos y agujas especiales; ahora, las hojas de un libro vienen en su mayoría pegadas entre sí.

Papel pergamino. Papel que se utilizaba hace siglos. Se escribía y fabricaba a mano y era más grueso que el de ahora.

Reciclado. Papel usado que, tras un proceso, se utiliza de nuevo; normalmente es un papel más fino que el empleado en los libros.

Hojear. Pasar las hojas una a una sin leer todo su contenido.

Página. Una hoja de libro, por ambas caras.

Fin